AF198582

Dresden

lieben lernen

*Der perfekte Reiseführer für einen unvergessli-
chen Aufenthalt in Dresden inkl. Insider-Tipps
und Packliste*

Frauke Arling

✈ INHALT

Das erwartet Sie in diesem Buch

Ein Trip in die Landeshauptstadt Sachsens wird Ihnen vielseitigste Erlebnisse bieten, ob Sie hierbei die historische Altstadt besichtigen, das bunte Leben im Szeneviertel Neustadt erleben oder einfach entlang der Elbe spazieren wollen, es findet sich für jeden etwas. Doch damit Sie bestens vorbereitet sind, sollten Sie den folgenden Seiten Ihre Aufmerksamkeit widmen, denn zwischen den bekannten Zielen, wie z. B. die Frauenkirche, erwarten Sie hier auch Tipps zu eher unbekannten

Sehenswürdigkeiten. Und wenn Sie Ihre Freizeit in der Stadt verbringen wollen, werden Ihnen hier verschiedene Möglichkeiten aufgezeigt.

Die vielseitige Geschichte Dresdens mit ihren verschiedenen Aspekten wird Ihnen auch nähergebracht. Ob Sie nun Interesse an der spätmittelalterlichen Geschichte oder am Wiederaufbau nach dem Zweiten Weltkrieg haben, Sie werden zu jedem Aspekt Informationen und Empfehlungen bekommen, die es Ihnen ermöglichen, Ihren Ausflug nach Ihrem Belieben zu gestalten.

Wenn es um die Abendgestaltung in der Stadt geht, werden Sie hier Informationen jeglicher Art finden. Egal, ob Ihnen der Sinn nach einem Abend in den verschiedenen Dresdner Bars und Kneipen steht oder ob Sie Konzerte in den unterschiedlichsten Locations hören wollen, das spielt hierbei keine Rolle, alles ist möglich. Die kulturelle Abendgestaltung bietet ein reichhaltiges Angebot, vom Staatstheater über die Semperoper bis hin zum Boulevardtheater findet sich hier alles.

Wie Sie sich am besten in der Stadt fortbewegen und wo Sie Ihren Geldbeutel schonen können, erfahren Sie ebenso, wie alles über die Restaurantszene und wo Sie am besten essen gehen können. Neben Informationen über den bekannten Dresdner Striezelmarkt erhalten Sie auch Hinweise, wann der Dresdner Altmarkt mit Leben gefüllt sein wird.

Damit werden die folgenden Seiten Sie bestens auf Ihren Trip nach Dresden vorbereiten und Ihnen damit Ihren hoffentlich besten Ausflug in eine der schönsten Städte Deutschlands ermöglichen.

Warum eigentlich Dresden?

Dresden, auch bekannt als Elbflorenz und bedeutende Kulturstadt Deutschlands, bietet vielerlei Gründe für einen Aufenthalt. Neben allerlei Museen, Sehenswürdigkeiten und kulturellen Angeboten gibt es jede Menge praktische Gründe, sich Dresden als Reiseziel auszusuchen.

Durch die gute Erreichbarkeit über die Autobahnen A4 (Aachen — Eisenach — Görlitz) und A13 (Berlin — Dresden) bietet es sich auch an, wenn man nicht nur in Dresden Urlaub machen will, zumindest auf dem Weg nach Osteuropa einen Halt in Dresden einzulegen.

Wenn man allerdings nur nach Dresden will, bietet sich hier die Anreise mit dem Zug an, denn neben einem zentral gelegenen Hauptbahnhof, sind die öffentlichen Verkehrsmittel in der Stadt sehr gut ausgebaut und ermöglichen es auch ohne Auto äußerst problemlos durch die Stadt zu kommen.

Und eben jene Stadt wird Sie mit allerlei Eigenheiten überraschen. Neben dem sächsischen "Nu", was so viel wie "Ja" bedeutet, haben die Menschen dort auch eine etwas eigene Art. Alles erscheint mehr nach dem Motto: hart, aber herzlich. Also seien Sie nicht verwundert, wenn ein Busfahrer unfreundlich erscheint, meistens ist das nur ihre Art zu reden. Als Eigenheit und Dresdner Stadtoriginal steht fast jeden Tag Hans-Jürgen Westphal auf der Prager Straße vor dem Karstadt-Warenhaus. Er wird oft als „Kommunisten-Opa" oder „Mann mit der roten Fahne" bezeichnet, denn er steht mit seiner bezeichnenden Fahne der Sowjetunion in der Fußgängerzone der Stadt und verteilt politische Flugblätter, während er das Gespräch mit Passanten sucht. Auch wenn der Anblick erst gewöhnungsbedürftig ist, so hat er sich als Stadtoriginal etabliert und zählt seither schon fast zu den Dresdner Sehenswürdigkeiten.

Gerade für Touristen, die aus dem Westen Deutschlands kommen, sollte man hier auch erwähnen, dass, wenn es in einer Bäckerei Pfannkuchen gibt, es sich um Berliner handelt und nicht um Eierkuchen. Und ein Jägerschnitzel ist keineswegs ein Schnitzel mit einer Pilzsoße, sondern es handelt sich hierbei um panierte Jagdwurst, die oft mit Nudeln und Tomatensauce serviert wird. Klingt ungewohnt? Ja ungewohnt, aber auch lecker, also wenn Sie vor Ort sind, probieren Sie es einmal.

Ansonsten zeichnet sich die Stadt durch ein reges Leben gerade in der Altstadt aus. Diese gliedert sich in verschiedene Stadtteile, bei denen gerade zwei für Sie als Besucher der Stadt sehr relevant sind. Einerseits die Seevorstadt-Ost, die mit der Prager Straße die größte Einkaufsstraße beherbergt und andererseits die innere Altstadt, die neben der größten Hoteldichte der Stadt auch die meisten historischen Sehenswürdigkeiten aufweist. Es finden sich hier Hotels verschiedener Hotelketten, z.B. Hilton, Seaside Hotel oder Kempinski.

Praktischerweise liegt der Hauptbahnhof in der Seevorstadt und grenzt damit direkt an die Prager Straße. So haben Sie es nie weit, um verschiedene Hotels zu erreichen und damit den Beginn Ihres Ausflugs möglichst entspannt zu halten. Und sollte Ihr Hotel doch einmal etwas weiter weg liegen, befinden sich direkt am Hauptbahnhof verschiedene Bahn- und Buslinien, die Sie in jede Richtung befördern können.

Neben dem Hauptbahnhof sind vor allem der Pirnaische Platz (Pirnaische Vorstadt) und der Post- platz (innere Altstadt) als Knotenpunkte des öffent- lichen Nahverkehrs zu nennen. Gerade im Nachtver- kehr gibt es das sogenannte "Postplatztreffen", bei dem die verschiedenen Bahnen, die den Postplatz passieren, zeitlich aufeinander abgestimmt werden und somit aufeinander warten, um den jeweiligen Umstieg zu ermöglichen. So kommen Sie auch nachts problemlos durch die Stadt, vor allem da die Nacht- linien bis 0:45 Uhr halbstündlich und danach weiter- hin stündlich fahren. Es gibt auch das Angebot, eine Stadtrundfahrt mit einem Bus zu machen, hierbei können Sie zwischen verschiedenen Routen wählen und Führungen dazubuchen. Diese Angebote finden

Sie unter: www.stadtrundfahrt-dresden.de. Es reicht von einfachen Stadtführungen bis zu ganzen Abendprogrammen inklusive Verköstigung.

Wenn Ihnen diese kurze Auflistung von Gründen noch nicht für eine Entscheidung gereicht hat, dann werden Sie die restlichen Kapitel bestimmt davon überzeugen, einen Ausflug in diese außergewöhnliche Stadt mit ihrer bewegten Geschichte zu wagen.

Die Geschichte der Stadt

Wenn Sie sich letztendlich für einen Besuch Dresdens entschieden haben, so wird Ihnen bei einem Gang durch die Altstadt auffallen, dass bei vielen historischen Gebäuden schwarze Steine, direkt neben sonst sandsteinfarbenen, verbaut sind. Das ist kein Zeugnis von mangelndem Steinvorkommen, sondern ein Überbleibsel des Wiederaufbaus der historischen Altstadt, nach den Bombenangriffen auf Dresden 1944-45. Die Zerstörung der Stadt lässt sich eindrucksvoll im Dresdner Panometer betrachten. Dort werden im Wechsel die Panoramen "Dresden 1945" und "Dresden im Barock" gezeigt. Wenn Sie diese eindrucksvollen Panoramabilder sehen möchten, so finden Sie das Panometer in der Gasanstaltstraße 8B.

Durch die Bombenangriffe wurden große Teile der Altstadt zerstört und damit auch viele der typischen Dresdner Kulturdenkmäler. Neben dem Zwinger, dem Residenzschloss, der Semperoper und der Sophienkirche wurde auch die Frauenkirche zerstört. Jedoch wurden zu Ihrem Glück die meisten der Sehenswürdigkeiten wiederaufgebaut, zuletzt auch die Frauenkirche, deren Wiederaufbau erst 2005 abgeschlossen wurde.

Der allzu späte Wiederaufbau der Frauenkirche lag daran, dass die Ruine während der DDR-Zeit, als Kriegsmahnmal auf dem Neumarkt belassen wurde. Nach der Wende wurden dann aber Stimmen aus der Dresdner Bürgerschaft laut, die den Wiederaufbau des wahrscheinlich bekanntesten Wahrzeichens der Stadt forderten. Der Wiederaufbau der Kirche sollte letztendlich 180 Millionen Euro kosten, wovon 115 Millionen allein durch Spenden aus der ganzen Welt zusammengekommen sind. Aber wenn Sie heute auf dem Neumarkt stehen und die Kirche vor Ihnen aufragt, dann wissen Sie, warum die Dresdner ihre Frauenkirche zurückhaben wollten.

Die Kirche wurde ursprünglich 1743 fertiggestellt. Auch damals war die große Kuppel der Kirche schon bezeichnend für die Stadt, jedoch sollte im 18. Jahrhundert neben der Frauenkirche vieles entstehen, das Dresden zum Status einer Kulturstadt verhalf. Die Stadt blühte kulturell, vor allem unter der Herrschaft August des Starken und dem damit verbundenen Aufkommen des sogenannten Dresdner Barocks, auf. Bis heute sind die Bürger Dresdens noch stolz auf „ihren" König August den Starken, also sagen Sie am besten nichts Negatives über ihn, während Sie in Dresden sind.

Zu eben jener Zeit entstanden neben der Frauenkirche auch noch weitere der bekanntesten Sehenswürdigkeiten Dresdens. So wurden die Kreuzkirche, die Brühlsche Terrasse, das Japanische Palais, der Zwinger und die Augustusbrücke gebaut. Auch das Stadtbild der Altstadt stammt aus der Bauphase jener Zeit.

Ein noch zu erwähnendes Bauwerk aus der Zeit des Barocks ist das Landhaus in der inneren Altstadt.

Hier, in der Wilsdruffer Straße 2, hat das Stadtmuseum Dresden seine Heimat gefunden und informiert Sie über die rund 800 Jahre Dresdner Stadtgeschichte.

Wenn Sie durch die historische Altstadt laufen, werden Sie auch unweit der Frauenkirche auf das weltgrößte Wandbild aus Porzellan stoßen. Es handelt sich hier um den sogenannten Fürstenzug, eine 102 Meter lange Ahnengalerie aus Meißner Porzellan. Dieses Kunstwerk wurde an der Wand des Residenzschlosses in der Augustusstraße angebracht und zeigt die sächsische Fürstenlinie von 1127-1873.

In Verbindung mit der sächsischen Fürstenlinie und dem Residenzschloss ist die Rüstkammer Dresden noch zu erwähnen. Hierbei handelt es sich um eine der weltweit bedeutendsten Sammlungen von Prunkrüstungen und mittelalterlichen Stoffen. Die Rüstkammer ist seit 2013 im Residenzschloss beheimatet, welches unter der Adresse Taschenberg 2 zu finden ist. In der Rüstkammer können Sie auch die sogenannte Türckische Cammer besichtigen. Diese stellt die weltweit bedeutendste Sammlung osmanischer Kunst außerhalb der Türkei dar.

Ebenfalls Teil der Rüstkammer ist der Renaissanceflügel, in welchem Sie drei Dauerausstellungen erwarten. Die erste Ausstellung trägt den Namen "Weltsicht und Wissen um 1600" und zeigt neben Kunstwerken aus der Spätrenaissance vor allem Sammlungsstücke aus der Dresdner Kunstkammer. So findet sich hier von altertümlichen Schränken über Musikinstrumente bis hin zu Brettspielen und Gemälden wirklich eine bunte Mischung aus allem. Die zweite Dauerausstellung trägt den Titel: "Auf dem Weg zur Kurfürstenmacht" und zeigt den Weg der sächsischen Fürsten zur Kurwürde und den Einfluss der Reformation dabei. Die letzte Dauerausstellung im Renaissanceflügel läuft unter dem Namen "Kurfürstliche Garderobe" und präsentiert, wie der Name erwarten lässt, die Kleidung einzelner Kurfürsten. Interessant ist hier die Tatsache, dass zwar bloß 13 Gewänder von Fürsten und vier Damenkleider ausgestellt werden, es aber kein anderes Museum gibt, dass diese Anzahl an Fürstengewändern vorweisen kann.

Während Dresden seit der frühen Neuzeit als Kulturstadt glänzt, ist die mittelalterliche Geschichte eher unspektakulär. Erst mit der Verleihung der

Stadtrechte 1455, begann sich dies zu wandeln. Ein erster Schritt zu größerer Bedeutung vollzog sich dann 1485, als die Stadt zur Residenzstadt der sächsischen Fürsten wurde und somit auch der Ausbau des Residenzschlosses weiter vorangebracht wurde. Auch der Ausbau der Dresdner Festung, der sich seit 1546 vollzog, spielte eine prägende Rolle für das Bild der Dresdner Altstadt. In der Festung ist heute ein Museum eingerichtet, in dem Sie sich über die Geschichte jener informieren können. Die Adresse der Festung lautet: Brühlsche Terrasse, Terrassenufer.

1547 wurde die Stadt letztendlich Hauptstadt Sachsens und sollte über die Jahre zum Synonym für kulturelle Entwicklung werden. Dieser Status als Kulturstadt wandelte sich mit dem Ende des Zweiten Weltkriegs, als Dresden großflächig zerstört war. Doch man hat die historischen Bauten wieder restauriert und die Altstadt hergerichtet, um wieder Kulturstadt zu werden und Ihnen das Erlebnis bieten zu können, nach einem ausgedehnten Spaziergang durch die historische Altstadt auf der Brühlschen Terrasse zu stehen und den Blick über die Elbe zu genießen.

Die Geschichte zu Zeiten der DDR wird Ihnen in zwei Gedenkstätten nähergebracht. Es handelt sich hier einerseits um die Gedenkstätte Bautzner Straße, auf der Bautzner Straße 112a und andererseits um die Gedenkstätte Münchner Platz am Münchner Platz 3. Bei der ersten Gedenkstätte handelt es sich um die einzige im Original verbliebene Untersuchungshaftanstalt der Stasi, während die zweite Gedenkstätte nicht ausschließlich die Zeit der DDR betrachtet, sondern allgemein eine Gedenkstätte für Opfer politischer Strafjustiz darstellt.

Der perfekte Tag in Dresden

Wenn Sie sich fragen, wie Sie Ihre Zeit in Dresden verbringen sollen, so sind die Antworten darauf sehr variabel. Sie können neben der Geschichte der Stadt und ihren Sehenswürdigkeiten auch sehr viel Zeit in verschiedenen Kunstausstellungen und anderen Museen verbringen.

Aber die Stadt hat nicht nur Geschichte und Museen zu bieten. Von Filmfesten über ein Open-Air-Kino am Elbufer, verschiedenste Konzerte bis hin zur langen Nacht der Wissenschaften gibt es in der Stadt wirklich alles, um Ihnen abwechslungsreiche Tage zu ermöglichen. Und wem es in der Stadt zu laut ist, dem ist eine Wandertour in der nahen Sächsischen Schweiz wärmstens zu empfehlen.

Wer nicht allein unterwegs ist, dem sei an dieser Stelle die Aktion „Dresden for Friends" ans Herz gelegt. Hierbei handelt es sich um eine „2 – zu – 1 Vorteilskarte", bei der Sie verschiedenste Angebote für zwei Personen zum Preis von einer wahrnehmen können. Die sogenannten Vorteilspartner kommen hier aus den Bereichen Gastro, Kultur, Wellness, Nightlife, Sport und Special. Es sind laut Eigenangabe von „Dresden for Friends" über 200 Partner, die an diesem Projekt teilnehmen, und Sie können Ihre Karte entweder im Internet bestellen (https://www.dresdenforfriends.de) oder in der Altmarkt-Galerie (Webergasse 1) kaufen. Die Karte selbst kostet je nach Laufzeit zwischen vier, fünf oder sechs Euro pro Monat und hat eine Mindestlaufzeit von vier Monaten, aber durch die vielfältigen Angebote lohnt sich die Karte auch für kurzzeitige Aufenthalte.

Neben der Karte „Dresden for Friends" gibt es auch noch die „Dresden Museums Card", diese können Sie für 22 Euro online buchen und zu Hause ausdrucken. Mit dieser Karte bekommen Sie zwei Tage lang in 16 Museen freien Eintritt und in vielen weiteren Museen Ermäßigungen auf den Eintritt. Und gerade die meisten Ausstellungen im Zwinger, im Residenzschloss oder im Albertinum sind in dem freien Eintritt mit inbegriffen.

Also lassen Sie sich nicht weiter aufhalten und beginnen Sie Ihren Tag in Dresden!

KULTURELLE SEHENSWÜRDIGKEITEN IN DER ALTSTADT

Die historische Altstadt wurde im Zusammenhang mit ihren geschichtlichen Sehenswürdigkeiten schon erwähnt, aber es gibt dort noch mehr als nur die Geschichte Dresdens. Von Kunstgalerien bis zu Ausstellungen von Münzen findet sich dort alles. Wenn Sie sich nun also entschließen, einen Tag in der Altstadt zu verbringen, so beginnen Sie am besten im Dresdner Zwinger, denn dort finden sich schon drei

Museen der staatlichen Kunstsammlungen Dresden. Es handelt sich hier im Einzelnen um die Galerie der alten Meister, die Porzellansammlung und den Mathematisch-Physikalischen Salon.

Während die Galerie der alten Meister eine Sammlung von Kunstwerken aus dem 15. bis 18. Jahrhundert ist, deren Schwerpunkt auf der Malerei der italienischen Renaissance liegt, handelt es sich beim Mathematisch-Physikalischen Salon um eine technische Sammlung. Von Geräten der Optik über Instrumente zum Rechnen und historische Uhren findet man hier eine großartige Variation an technischen Geräten. Bei der Porzellansammlung handelt es sich um eine der weltweit nahezu einzigartigen und wertvollsten Sammlungen von Porzellan. Hier erwarten Sie ca. 20.000 Ausstellungsstücke aus Japan, China und Meißen, die teilweise noch aus dem 17. und 18. Jahrhundert stammen.

Der Zwinger selbst ist auch ein Besichtigungsziel, denn er diente schon zur Zeit seiner Errichtung als repräsentative Anlage für Festivitäten jeglicher Art. Somit finden sich auf dem Areal des Zwingers neben einer Teichanlage auch verschiedene Attraktionen, wie z.B. das Kronentor, die Sempergalerie oder das Nymphenbad. Der Zwinger gilt somit nicht ohne Grund als eines der wichtigsten Bauwerke des Barocks in Dresden.

Verlassen Sie den Zwinger nun in Richtung Elbe, finden Sie sich auf dem Theaterplatz wieder mit Blick auf die Semperoper und dem König-Johann-Denkmal. Benannt ist die Oper nach ihrem Architekten Gottfried Semper, der auch die Sempergalerie im Zwinger geplant hat. In der Semperoper gibt es verschiedenste Aufführungen von Opern und Ballett, die internationale Aufmerksamkeit erreichen. Auch wenn die Karten für Aufführungen wohl nichts für den kleinen Geldbeutel sind, so lohnt sich die Semperoper doch in jedem Fall, vor allem, da man sich auch vor manchen Veranstaltungen für Führungen durch das Gebäude anmelden kann.

Von der Semperoper ist der Weg dann auch nicht weit zum Residenzschloss. Dabei passieren Sie die Hofkirche, in der neben regelmäßigen Gottesdiensten auch immer am Mittwoch und am Samstag um 11:30 Uhr ein Orgelspiel stattfindet. Es lohnt sich auch ein Blick in die Kirche selbst, da hier, wie in der Altstadt, der Barockstil zu bewundern ist.

Das Residenzschloss beinhaltet neben der erwähnten Rüstkammer auch das neue Grüne Gewölbe, welches eine Ausstellung von knapp 1100 Kunstschätzen umfasst. Das historische Grüne Gewölbe befindet sich ebenfalls im Schloss. Hierfür muss man zwar im Voraus ein Zeitticket erwerben, da die täglichen Besucherzahlen begrenzt sind, aber dafür kann man hier ein unvergessliches Erlebnis genießen. Denn im historischen Grünen Gewölbe liegt der Fokus nicht wie im neuen Grünen Gewölbe „nur" auf den Exponaten, sondern auf der kompletten Raumgestaltung. Somit ergibt sich das Bild eines Museums voll mit 3000 Meisterwerken der Goldschmiede- und Juwelierkunst, die nicht hinter Vitrinen versperrt sind, sondern im Einklang mit der Raumgestaltung offen ausgestellt werden. Dadurch erhalten Sie ein noch extravaganteres Erlebnis als in vergleichbaren Museen.

Ein eher untypisches Kunstmuseum im Residenzschloss ist das Kupferstich-Kabinett. Es zeigt eine Ausstellung, bestehend aus Fotografien, Zeichnungen und Drucken. Mit die bekanntesten Künstler, deren Meisterwerke Sie hier zu Gesicht bekommen werden, sind Caspar David Friedrich, Rembrandt und Michelangelo. Des Weiteren gibt es alle drei Monate Wechselausstellungen zu verschiedenen Themen, die einen mehrfachen Besuch lohnenswert gestalten.

Wenn Sie etwas für Münzen und Wappen übrig haben, so finden Sie im Residenzschloss auch das Münzkabinett. Dort werden an die 300.000 Ausstellungsstücke aufbewahrt, die von Münzen über Orden und Wahrzeichen bis zu Wertpapieren und Geräten zur Münzprägung reichen. Die Exponate erstrecken sich über einen Zeitrahmen, der von der Antike bis in die Gegenwart reicht.

Als letzte Ausstellung im Residenzschloss sind noch die Königlichen Paraderäume zu nennen. Es handelt sich hier um rekonstruierte Räume, die die Einrichtung und die Wandgestaltung der Barockzeit des Schlosses widerspiegeln und damit einen besonderen Blickfang für jeden Besucher bieten.

Eine Sehenswürdigkeit des Residenzschlosses, welche aber kein Museum ist, ist der Hausmannsturm. Es ist der älteste existierende Teil des Schlosses und befindet sich an der Nordseite des Gebäudes. Hier können Sie auf eine Aussichtsplattform hinaufsteigen, die ca. 38 m hoch ist, und sich an einem sehr schönen Blick über die Altstadt erfreuen.

Wenn Sie nun das Residenzschloss wieder verlassen, empfiehlt es sich, der Augustusstraße mit dem Fürstenzug zu folgen, denn am Ende des Fürstenzugs ist ein Tor, durch das man in den Stallhof gelangt. Interessant ist dieser besonders zur Weihnachtszeit, da hier auf dem alten Turnierplatz des Schlosses ein mittelalterlicher Weihnachtsmarkt seine Pforten öffnet. Aber auch wenn dort kein Markt ist, ist der historische Stallhof eine Besichtigung wert.

Folgen Sie nun der Augustusstraße weiter, erreichen Sie gleich den Neumarkt mit der Martin-Luther-Statue vor der Frauenkirche und dieses Wahrzeichen dürfen Sie sich wirklich nicht entgehen lassen. Die Kirche ist prinzipiell eine offene Kirche, was bedeutet, dass Sie ohne Eintritt den Kirchenraum und die Unterkirche besichtigen können. Es empfiehlt sich aber, eher unter der Woche in die Kirche zu gehen wegen der vielen Touristen. Die genauen Öffnungszeiten der offenen Kirche variieren jedoch je nach Jahreszeit und Veranstaltungsaufkommen, aber diese sind auf der Website der Frauenkirche hinterlegt.

Die Steinkuppel der Frauenkirche ist eine der größten ihrer Art und gilt auch als eines der größten Sandsteinbauwerke der Welt. Jedoch wirkt die Kirche von innen noch deutlich eindrucksvoller als von außen. Neben dem Ehrfurcht gebietendem Gefühl, dass die ca. 36 m hohe Kuppeldecke erzeugt, wenn man die Kirche betritt, sind doch vor allem die Kombination aus Altar und Orgel äußerst eindrucksvoll.

Der Übergang zwischen Altar und Orgel ist recht fließend gestaltet und schafft ein Gefühl von einem durchgängigen Wandbild, das jeder gesehen haben sollte. Auch wenn am Altar alles in Gold und Weiß erstrahlt, so ist der Kern des Altars noch aus den Trümmern der Ruine geborgen und wieder verbaut worden. So bleibt bis heute ein optisch roh erscheinendes Kriegsmahnmal innerhalb der sonstigen Pracht der Kirche bestehen.

Neben dem prunkvollen Kirchenraum sollten Sie aber auch die Unterkirche besichtigen. Diese ist im Vergleich deutlich schlichter gehalten, aber damit strahlt sie ihre gänzlich eigene Art von Schönheit aus. Genutzt wird dieser Raum als Ort der stillen persönlichen Andacht, in welchem fünf Kapellen die Themen Zerstörung und Neubeginn thematisieren.

Auch ein Raum über die Geschichte der Frauenkirche hat dort einen Platz gefunden.

An regelmäßigen Veranstaltungen gibt es in der Frauenkirche neben Gottesdiensten und Andachten auch zweiwöchentlich Sonntagsmusik, wobei der jeweilige Sonntag kirchenmusikalisch gedeutet wird. Der reguläre Hauptgottesdienst findet jeden Sonntag um 11:00 Uhr statt und wird dabei oft mit vokaler Kirchenmusik untermalt. Die Andachten finden zumeist mittags oder abends statt. Hier wird die Kirche dann mit Orgelmusik und Psalmgebeten erfüllt.

Abgesehen von den Angeboten der offenen Kirche, können Sie auch Führungen durch die komplette Kirche buchen und vor allem können Sie zur Kuppel aufsteigen und auf die Aussichtsplattform gehen. Diese Plattform liegt 67 m hoch und bietet Ihnen einen atemberaubenden Blick über Dresden, der bei klarem Wetter bis in die Sächsische Schweiz reicht.

Nach dem Besuch der Frauenkirche bietet es sich an, durch die Münzgasse Richtung Elbe zu laufen. Diese Straße hat Bekanntheit erlangt durch die vielen verschiedenen Restaurants, welche dort eröffnet wurden. Von einem Steakhaus über eine urige

Kutscherschänke bis zum spanischen Restaurant findet sich hier alles, was das kulinarische Herz begehrt. Wenn Sie an den verschiedenen Lokalen vorbeigegangen sind, finden Sie am Ende der Münzgasse den Aufstieg auf den Balkon Europas.

So wurde die Brühlsche Terrasse, die zwischen der Augustusbrücke und der Carolabrücke liegt, seit dem Beginn des 19. Jahrhunderts bezeichnet, was unter anderem auf den Elbblick und das Königsufer zurückzuführen ist. Aber auch darauf, dass die Brühlsche Terrasse eine Flaniermeile entlang der Festung und der Altstadt ist. So haben Sie hier die schönsten Ausblicke auf die verschiedenen Wahrzeichen der Stadt und auch den Zugang zu verschiedenen Denkmälern. Auf der Terrasse befinden sich unter anderem das Planetendenkmal, das Caspar David Friedrich Denkmal und das Gottfried-Semper-Denkmal, außerdem ist von hier ein Zugang zur Hochschule für bildende Künste, zur Festung Dresden und zu dem in der Festung beheimateten Museum.

Nahe der Festung liegt der Brühlsche Garten. Diese kleine Parkanlage bildet den Abschluss der Brühlschen Terrasse in Richtung Carolabrücke. Und von dort ist es ein kurzer Weg mit einem kleinen

Abstieg bis zum Albertinum. Hierbei handelt es sich um ein altes Waffenlager, das im 19. Jahrhundert zu einem Museum umfunktioniert wurde. Dort können Sie, seit der Wiedereröffnung 2010, die Skulpturensammlung und die Ausstellung der neuen Meister betrachten. Da sich das Albertinum seit seiner Wiedereröffnung als Museum der Moderne versteht, finden Sie hier hauptsächlich Kunst aus der Moderne und dem 19. und 20. Jahrhundert.

Eine noch zu erwähnende Sehenswürdigkeit der Altstadt ist der Altmarkt, es handelt sich dabei um den ältesten Marktplatz Dresdens. Hier finden regelmäßig der Frühlings-, Herbst- und Striezelmarkt statt. Auch das Stadtfest oder das Dixieland Festival haben hier ihre Heimat gefunden. Einige Gedenktafeln sind auch auf dem Platz zu finden, z.B. wurde in die Pflastersteine eine Art Mahnmal, zur Erinnerung an die Luftangriffe im Februar 1945 auf Dresden, integriert. Erkunden Sie also nicht nur die Läden um den Altmarkt oder die Altmarkt-Galerie, sondern halten Sie auch Ausschau nach den verschiedenen Denkmälern auf diesem historischen Platz!

Ebenfalls am Altmarkt beheimatet ist die Kreuzkirche. Es handelt sich hier um das bedeutendste sakrale Bauwerk der Stadt neben der Frauenkirche. Die Kreuzkirche ist mit ihrem 92 m hohen Turm ein nicht wegzudenkender Teil des Panoramas der Dresdner Altstadt. Sie haben dort die Möglichkeit, neben Turmführungen ab zehn Personen, auch die 259 Stufen zur 59 m hohen Aussichtsplattform zu erklimmen und einen ausschweifenden Blick über Dresden zu werfen.

KULTURELLE SEHENSWÜRDIGKEITEN AUßERHALB DER ALTSTADT

Sie merken sicher schon, dass genügend Sehenswürdigkeiten in der Altstadt sind, um mehr als einen Tag zu füllen, aber das war noch nicht alles, was Dresden zu bieten hat. Auch außerhalb der Altstadt erwartet Sie noch genug, um Ihre Reise nach Ihren Wünschen zu gestalten.

Überquert man einmal die Elbe über die Augustusbrücke, kommt man zu einem Wahrzeichen, dass mindestens so bezeichnend für Dresden ist wie die Frauenkirche. Die Rede ist hier vom goldenen Reiter, der am Fuß der Augustusbrücke steht und

August den Starken auf einem Lipizzaner-Hengst zeigt, der Richtung Neustadt reitet. Der Hintergrund des Denkmals ist, dass die Neustadt nach einem Großbrand unter der Herrschaft August des Starken als Viertel des Barocks wieder aufgebaut wurde.

Heute befindet sich z.B. das Militärhistorische Museum in der Neustadt, um genau zu sein, am Olbrichtplatz 2 und es erwartet Sie dort ein Programm, das seinesgleichen sucht. Die Dauerausstellung zeigt eindrucksvoll die Folgen von Krieg und Gewalt seit dem Jahr 1300. Die Ausstellung enthält über 10.000 Exponate und ist nicht immer etwas für schwache Nerven oder Kinder. Es werden hier eben auch die düsteren Seiten der Geschichte und vor allem der Kriegsgeschichte gezeigt. Es empfiehlt sich aber trotzdem, das Museum zu besuchen, nur müssen Sie dafür einige Zeit einplanen. Allein durch die schiere Masse an Exponaten und die reichhaltigen Informationen zu den Ausstellungsstücken erfordert der Besuch seine Zeit. Neben der Dauerausstellung gibt es auch regelmäßig Sonderausstellungen und offene Vorträge zu verschiedensten Themen. Auch die Außenfläche des Museums wird genutzt. Hier können Sie den Konflikt während des Kalten Krieges, durch verschiedene Gefechtsfahrzeuge in Szene gesetzt, betrachten. Auch die Einsatzwirklichkeit von Soldaten wird auf der Außenfläche thematisiert. Hierfür wurde z.B. ein Feldlager errichtet. Sie merken sicher schon, dass das Militärhistorische Museum mit all seinen Angeboten ein Muss ist für jeden Geschichtsinteressierten. Ganz egal, ob Ihr Interesse der neueren Geschichte oder vergangenen Epochen gilt, hier kommen Sie voll auf Ihre Kosten!

Bei einem der bestbesuchten Museen Dresdens handelt es sich um das Deutsche Hygiene-Museum, welches Sie am Lingnerplatz 1 finden können. Die dortige Dauerausstellung trägt den Titel: "Abenteuer Mensch" und schickt Sie auf eine Reise zu Ihrem eigenen Körper. Diese Reise erstreckt sich über sieben Themenräume auf fast 2.500 m² und mit ca. 1300 Ausstellungsstücken. Abgesehen von der Dauerausstellung gibt es auch oft Sonderausstellungen und vor allem schafft das Museum einen Raum für verschiedenste Diskussionen in der Dresdner Gesellschaft. Dabei stehen Themen aus Kultur, Politik oder Wissenschaft und ein offener respektvoller Austausch zwischen den Menschen im Fokus. Es ist der Museumsleitung hier gelungen, einen Ort für

Kommunikation zu schaffen, der aus der Stadt nicht mehr wegzudenken ist.

Auch eine Art Museum ist die gläserne Manufaktur von Volkswagen. In der Lennéstraße 1 wird jedem am Automobil Interessierten das Herz aufgehen. Die Anlage erstreckt sich über 83.000 m² mit ihrer Fertigungsanlage und einer Erlebnisfläche. Dabei steht ganz die Zukunft des Automobilverkehrs im Zentrum. Ob es um reine E-Autos geht oder um Hybridwagen, die verschiedenen Präsentationen decken alles ab. Aber das wahrscheinlich Interessanteste ist die Möglichkeit eines geführten Rundgangs durch die Manufaktur. Hier kommen Sie bis auf wenige Meter an die Fertigungsstraße heran und können dabei die Montage des E-Golfs aus nächster Nähe betrachten. Die Führungen sollte man im Voraus buchen, aber dafür sind sie in verschiedensten Sprachen verfügbar und ein definitives Erlebnis!

Die nächsten Wahrzeichen, die Ihnen hier nun vorgestellt werden, sind von baulicher Natur. Zuerst ist an dieser Stelle das Blaue Wunder zu nennen. Hierbei handelt es sich um die Loschwitzer Brücke, die zwischen den beiden Villenvierteln Loschwitz und Blasewitz errichtet wurde. Seit 1893 ist diese

Brücke schon Wahrzeichen der Stadt und auch eines der wenigen Bauwerke, welche während des Zweiten Weltkriegs nicht zerstört wurden. Die Brücke stand zwar schon sehr oft in der Kritik, weil sie sich nicht in das Landschaftsbild einfügen würde, aber der Forderung, die Brücke abzureißen und neu zu errichten, wurde bis heute nicht stattgegeben, also machen Sie sich doch am besten selbst ein Bild von der gesamten Anlage.

Während das Blaue Wunder Loschwitz und Blasewitz verbindet, ist die Verbindung zwischen Loschwitz und Oberloschwitz ebenfalls eine Besichtigung wert. Es handelt sich hier um eine Schwebebahn, die auf 274 m Strecke einen Höhenunterschied von 84 m überwindet. Seit 1901 ist sie in Betrieb und wurde auch schon für die Auszeichnung als historisches Wahrzeichen der Ingenieurbaukunst nominiert.

Ein eher unbekanntes Bauwerk, das aber nicht weniger beeindruckend ist, ist die Russisch-Orthodoxe Kirche in der Fritz-Löffler-Straße 19. Es handelt sich hier um eine eher kleine Kirche, die aber in der ganz typischen Bauart russischer Kirchenbauten aus dem 16. bzw. 17. Jahrhundert gebaut ist. Sie hat neben einem Glockenturm, der 40 m hoch ist, fünf Zwiebeltürme, die mit ihrer eigenen Art von Kuppeln so markant für diese Art sakraler Bauten sind.

Eine weitere Attraktion der Stadt ist die Pfunds Molkerei, welche in der Bautzner Straße 79 ist. Auch wenn es zunächst ungewöhnlich erscheinen mag, dass eine Molkerei eine Sehenswürdigkeit ist, so erwartet Sie dort der schönste Milchladen der Welt. Wie zu erwarten war, ist der Verkaufsraum mit Fliesen im Stil der Renaissance ausgekleidet und wurde 1998 sogar ins Guinness-Buch der Rekorde aufgenommen. Also scheuen Sie sich nicht, auch hier mal einen Blick hineinzuwerfen!

FREIZEITGESTALTUNG IN DRESDEN

Sind Sie ein Freund von langen Spaziergängen oder Wanderungen, so ist Dresden ein ideales Reiseziel für Sie. Man kann entspannt das Elbufer entlangspazieren und dabei auch an ausgewiesenen Plätzen grillen. Gerade im Sommer finden sich dort immer Menschen, die den verschiedensten Beschäftigungen nachgehen. Ob man hier ein Picknick machen will, Schwedenschach spielt oder einfach bei etwas Musik das Wetter genießt, am Elbufer kann man alles alles machen.

Jeden Sommer gibt es auch die Filmnächte am Elbufer. Es handelt sich dabei um ein Open-Air-Kino, in dem nicht nur ausschließlich neue, sondern auch alte Filme gezeigt werden. Mit knapp 3500 Sitzplätzen ist es die größte Veranstaltung dieser Art in Deutschland. Über den Sommer verteilt, haben Sie an 60 Tagen die Gelegenheit nicht nur Filme, sondern auch verschiedene Künstler live auf der Bühne zu erleben, denn die Leinwand ist gleichzeitig ein bewegliches Dach, um eine Bühne entstehen zu lassen. Das Angebot an Konzerten geht dabei von Roland Kaiser über „Die Toten Hosen" bis zu Künstlern wie Alligatoah. Neben dem vielfältigen Angebot und einem großartigen Gastronomiebereich ist vor allem auch die Kulisse der Filmnächte atemberaubend. Direkt hinter der Bühne bzw. Leinwand blicken Sie über die Elbe auf die Dresdner Altstadt, die gerade in der Nacht durch ihre Beleuchtung einen großartigen Anblick für Sie bereithält.

Neben den Filmnächten hat Dresden auch verschiedene Kinos zur Unterhaltung. Außer dem UFA

Kristallpalast an der St. Petersburger Straße 24a und dem CinemaxX in der Hüblerstraße 8, gibt es noch zwei besondere Kinos, die sich von einfachen Programmkinos unterscheiden. Zum einen das Kino im Kasten, kurz KiK in der August-Bebel-Straße 20 und zum anderen die Schauburg auf der Königsbrücker Str. 55. Beim KiK handelt es sich um ein ehrenamtlich von Studenten betriebenes Kino in den Räumlichkeiten der TU Dresden. Dadurch ergibt sich, neben studentischen Preisen, vor allem ein äußerst alternatives Angebot. Von Filmklassikern wie "The Big Lebowski" oder "Clockwork Orange" gibt es hier Themenabende zu Stummfilmen oder Kurzfilmwettbewerbe. Viele der Filme können Sie in Originalsprache sehen und eine echte Besonderheit ist, dass Sie hier noch echte 35 mm Projektion zu sehen bekommen.

Die Schauburg in der Neustadt bezeichnet sich selbst als Filmtheater und nicht als klassisches Kino. Hier bekommen Sie zwar teilweise auch die neuesten Filme zu sehen, aber eben auch jene Filme, die abseits von Hollywood entstehen und nicht in normalen Kinos zu sehen sind. Des Weiteren gibt es in der Schauburg auch Aufführungen von Kabarett über Comedy bis zu Autorenlesungen. Auch ein spezielles Kinderprogramm bietet Ihnen die Schauburg. Wenn Sie also mal abseits von Blockbustern Filmkultur genießen wollen, besuchen Sie die zwei alternativsten Kinos in Dresden.

Wenn Ihnen der Sinn aber weniger nach Film, sondern mehr nach Theater steht, so bietet Dresden auch hier eine Vielzahl an Möglichkeiten. Im Rahmen des Staatstheaters gibt es das große und das kleine Schauspielhaus, in denen bekommen Sie Aufführungen zu sehen, die von dem Untertanen über Macbeth bis zu Kinderstücken, wie Sophie im Schloss des Zauberers, reichen. Die Aufführungen variieren von modernen Interpretationen hin zu klassischen Aufführungen und sind in jedem Fall einen Besuch wert. Wenn Sie kurzentschlossen sind, haben Sie auch die Möglichkeit, an der Abendkasse Restkarten zu besonders günstigen Konditionen zu erstehen, worunter manchmal sogar Plätze im Parkett sind, was im großen Schauspielhaus schon allein der Anblick des inneren Ausbaus wert ist.

Neben dem Staatstheater gibt es aber auch noch kleinere unabhängige Theater in Dresden. So ist im World Trade Center die Comödie Dresden zu finden, die, wie schon der Name andeutet, humoristische Stücke für Jung und Alt aufführt, während im Projekttheater in der Louisenstraße 47 hauptsächlich Eigenproduktionen gezeigt werden. Auch ein Boulevardtheater hat in Dresden seinen Platz. In der Maternistraße 17 können Sie von Komödien bis Märchen eine große Palette an Stücken genießen. Im Kulturpalast hat die Herkuleskeule ihre Heimat gefunden, hier handelt es sich um das scharfsinnigste politische Kabarett, das Sie in der Stadt finden können. Das letzte Theater, welches noch zu erwähnen ist, hat keinen festen Sitz. Es befindet sich auf einem alten Lastschiff und präsentiert Ihnen verschiedene Theaterstücke bei einer Fahrt auf der Elbe. Den Anlegeplatz des Theaterkahns finden Sie am Terrassenufer 1. Auch wenn das große Angebot an Theatern abschreckend wirken mag, versäumen Sie es nicht, wenigstens dem Staatsschauspiel einen Besuch abzustatten, die Vorstellungen dort sind wirklich großartig.

Als Ort zum Entspannen ist neben dem Elbufer der Große Garten an der Hauptallee 10 zu erwähnen. Es handelt sich hierbei um einen Park aus dem barocken Zeitalter Dresdens, der Ihnen rund um die Uhr zur Verfügung steht. Der rechteckig angelegte Park erstreckt sich über 1,8 km^2 mit dem im Zentrum liegenden Sommerpalais. Im Park selbst können Sie auch ganz nach Belieben Sportarten nachgehen oder sich einfach im Gras ausstrecken. Der Park erscheint immer wieder wie eine grüne Insel, die mitten in der Stadt liegt und einem das Gefühl gibt, der Großstadt mal entfliehen zu können.

Direkt am großen Garten, um genauer zu sein in der Helmut-Schön-Allee 2, liegt das Georg-Arnhold-Bad. Es handelt sich hier um das überdachte Erlebnisbad schlechthin. Neben einem Außenbereich mit Strömungskanal, einer 93 m langen Röhrenrutsche und einem 250 m^2 großen Erlebnisbecken gibt es auch eine Saunalandschaft und ein Planschbecken für die jüngeren Besucher. Mit zwei Restaurants ist dort auch für Ihr leibliches Wohl gesorgt. Außerdem ist die komplette Einrichtung barrierefrei und sorgt für Spaß für die ganze Familie.

Ein weiteres Highlight für die Familie ist der Dresdner Zoo. Gelegen an der Tiergartenstraße 1 bietet Ihnen der Zoo eine Reise durch alle Kontinente der Welt. Mit mehr als 1500 Tieren und ca. 250 Arten erstreckt sich das Gelände über circa 13

Hektar. Von geführten Rundgängen über speziali-
sierte Touren durch einzelne Areale des Zoos stehen
Ihnen hier vielerlei Möglichkeiten offen. Für Kinder
gibt es neben dem Streichelgehege auch verschiedene Spielplätze und einen „Zookasper" mit eigenem
Puppentheater. Lassen Sie sich und Ihre Familie auf
eine ganz außergewöhnliche Reise durch die Tier-
welt mitnehmen und verbringen Sie einen wunderschönen Tag im Dresdner Zoo.

Wenn Sie Stadtfeste mögen, haben Sie jedes Jahr
die Möglichkeit, am letzten Juniwochenende ein ca. 7
km langes Festgelände in Dresden zu erleben. Die
Rede ist hier vom Elbhangfest, das sich zwischen den
Ortsteilen Loschwitz und Pillnitz abspielt. Hier werden, auf über fünf Ortschaften verteilt, um die 200
Veranstaltungen angeboten, mit dabei sind Konzerte, Lesungen, Theateraufführungen, Märkte für
das örtliche Handwerk und Führungen, bei denen
Sie die Region kennen lernen. Auch an Angeboten für
Speis und Trank mangelt es dort nicht für Sie. Neben
dem jährlichen Festzug zur Eröffnung, stellt die Dra-
chenboot-Regatta den Höhepunkt des Elbhangfestes
dar. Auch wenn Sie für diese Attraktion ein Stück aus
der Stadt herausfahren müssen, so lohnt es sich

doch, dem Elbhangfest einen Besuch abzustatten.

Neben dem Elbhangfest ist auch das CANA-LETTO bei einem Besuch Dresdens sehenswert. Hierbei handelt es sich um das jährliche Dresdner Stadtfest, das nach dem Maler Canaletto benannt ist, der unter anderem auch das Dresdner Stadtbild gezeichnet hat. Mit 14 Arealen, die jeweils ein verschiedenes Angebot haben, erstreckt sich das Stadtfest über den größten Teil der Altstadt. Über das komplette Areal verteilen sich neun Bühnen und um die 1000 Künstler, die drei Tage lang für Ihre Unterhaltung sorgen. Das Programm reicht von Kunsthandwerk über Mittelalterspektakel, Streetfood-Flair und Familienspaß bis hin zum Abschlussfeuerwerk am Terrassenufer. Auch ein Riesenrad findet jährlich seinen Platz auf einem der Areale. Scheuen Sie sich also nicht und feiern Sie mit den Dresdnern ihr Stadtfest, denn neben einem großartigen Angebot überzeugt das CANALETTO durch kostenfreien Eintritt.

Ein weiteres Highlight von Dresdens Stadtfesten ist die Bunte Republik Neustadt (BRN). Dort können Sie ein Stadtfest der etwas anderen Art erleben, denn der Ursprung der BRN liegt in einem ursprünglichen Scheinstaat, der drei Jahre in der Neustadt existiert hat. Danach ist daraus ein Stadtfest entstanden, welches seinesgleichen sucht. Dort erwartet Sie immer im Juni ein buntes Sammelsurium verschiedenster Stände und Künstler. Da die Neustadt schon außerhalb der BRN als Szene- und Kneipenviertel bekannt ist, wird zu diesem Wochenende noch einmal das komplette Flair von Kleinkunst und Feierlaune deutlich. Das Erstaunliche daran ist, dass die Stände nur an Anwohner vermietet werden und es keinen wirklichen Organisator hinter allem gibt. Die einzelnen Stände melden sich selbst bei der Stadt und die Stadt sorgt dafür, dass während der BRN kein Verkehr in der Neustadt herrscht, denn die Straßen quellen vor Menschen fast über. Sollten Ihnen die Menschenmassen dann aber zu viel sein, dann schlagen Sie sich zum Alaunpark durch, dort findet sich immer noch ein Plätzchen, um sich entspannt hinzusetzen und einer der Aufführungen der dortigen Bühnen zu lauschen.

So ist die BRN wohl eines der alternativsten Stadtfeste, das man sich vorstellen kann. Überall findet man Bühnen mit jeglicher Art von Musik und die Anwohner sowie Gastronomen bemühen sich, die verschiedensten Angebote für Sie bereitzustellen.

Und auch wenn nicht jeder, der dort wohnt, einen Platz für einen der Stände bekommt, so sind dem Erfindungsreichtum keine Grenzen gesetzt, also wundern Sie sich nicht, wenn junge Menschen von ihrem Balkon aus Flaschenbier über einen Seilzug an Passanten verkaufen. Wirklich nichts ist zu verrückt, als dass man es nicht auf der BRN finden kann.

Wenn nicht gerade BRN ist, ist die Kunsthofpassage in der Neustadt immer einen Blick wert. Es handelt sich hier um eine kleine Nebenstraße zwischen Alaunstraße und Görlitzer Straße, die durch ihren Charme besticht. Wie der Name schon sagt, dreht sich hier alles um Kunst. Angefangen hat es als ein Projekt, bei dem man heruntergekommene Hinterhöfe verschönern wollte. Ganz nach diesem Konzept erwarten Sie dort heute fünf verschieden gestaltete Hinterhöfe, die alle eine eigene Idee verfolgen. Auch viele kleine Läden haben sich dort etabliert, die sich nicht ausschließlich aber oft um Kunst drehen. Nehmen Sie sich also etwas Zeit und Ruhe und bestaunen Sie die wohl schönsten Hinterhöfe, die Dresden zu bieten hat.

Als wirklicher Insidertipp ist Ihnen das MittelAlterFest, kurz MAF, zu empfehlen. Es ist der einzige reine Mittelaltermarkt Dresdens, der jedes Jahr im Rahmen der Studententage im Mai organisiert wird. Die Veranstalter sind zwei ehrenamtlich arbeitende Studentenclubs, die Sie über drei Tage in ein mittelalterliches Markttreiben entführen. Dadurch ergibt es sich auch, dass vor 18:00 Uhr kein Eintritt gezahlt werden muss und die Getränkepreise sich auf einem studentischen Niveau bewegen. Obwohl Sie hier keine professionellen Veranstalter erwarten, bietet Ihnen das MAF ein großartiges Angebot. Ob Sie das Bogenschießen ausprobieren wollen, bei diversen Livekonzerten vor der Bühne stehen wollen oder sich einfach die verschiedenen Stände auf dem Gelände anschauen wollen, Sie werden auf Ihre Kosten kommen. Für Familien ist der Ausflug ebenfalls sehr empfehlenswert, da neben Kinderschminken und Stockbrot auch eine Feuershow und manche Schaukämpfe auf Sie warten. Der ganze Markt besticht durch seinen Charme und das Herzblut, das die Veranstalter in ihren Markt stecken, also kommen Sie zur Wiese hinter dem Studentenwerk an der Fritz-Löffler-Straße 16 und lassen Sie sich in eine andere

Welt entführen.

Ein Fest der etwas anderen Art ist das internationale Dixieland Festival Dresden, welches hier seit 1971stattfindet. Alljährlich im Mai zeigt sich Dresden von seiner jazzbegeisterten Seite und feiert dabei mit unzähligen sowohl nationalen als auch internationalen Bands den „Oldtime-Jazz". Mit ungefähr einer halben Million Besuchern pro Jahr wird Dresden alljährlich zur europäischen Hauptstadt des Dixieland. Das Festival findet unter anderem auf dem Altmarkt, am Hauptbahnhof oder im Zoo statt, je nachdem welche Veranstaltung genau Sie besuchen wollen. Ob Sie Eintritt zahlen müssen oder nicht, variiert auch je nach Veranstaltung, von daher sollten Sie sich im Voraus auf der Website: „www.dixieland-festival-dresden.com" über das Programm informieren.

Sie zählen zwar nicht wirklich als Stadtfeste, aber dennoch sind die drei jährlichen Märkte auf dem Dresdner Altmarkt definitiv eine Erwähnung wert. Es beginnt mit dem Frühjahrsmarkt meist Ende April bis Ende Mai, bei dem um die 80 Händler ihre Stände für Sie öffnen. Von typisch sächsischer Handwerkskunst über traditionelle sächsische

Küche bis zu speziellen lokalen Bierständen finden Sie hier alles, was Ihr Herz begehrt. Auch für Kinder gibt es einige Attraktionen auf dem Markt, neben einem historischen Riesenrad sind auch eine Kindereisenbahn und ein Kinderkarussell vorhanden. Und mit der traditionellen Hebung des Maibaums und dem Programm der Marktbühne ist auch für die Unterhaltung der Erwachsenen bestens gesorgt.

Der nächste Markt ist der Herbstmarkt, der im Schnitt von Anfang September bis Anfang Oktober dauert. Als Eröffnung gibt es hier traditionell den Fassanstich. Ansonsten bietet der Herbstmarkt ein recht ähnliches Repertoire wie der Frühjahrsmarkt, nur wird er ergänzt durch ein breiteres Angebot an Imkereiprodukten und regionalem Obst und Gemüse, abhängig von der Erntezeit. Frühjahrs- und Herbstmarkt bieten eine gute Gelegenheit, um einen entspannten Spaziergang über den Altmarkt zu unternehmen und dabei traditionelles Handwerk, sowohl die erzgebirgische Glasbläserei als auch das Brauen des sehr empfehlenswerten Oberlausitzer Schwarzbiers der Privatbrauerei Eibau, kennen zu lernen.

Wenn Sie Ihren Ausflug in der Zeit von Ende November bis zum 24. Dezember planen, so haben Sie die Chance, einen der ältesten und bekanntesten Weihnachtsmärkte der ganzen Welt zu besuchen: den Dresdner Striezelmarkt. Sie können hier täglich von 10 bis 21 Uhr Glühwein, Dresdner Christstollen und besinnliche Weihnachtsmusik genießen, während Sie sich bei den knapp 230 Ständen verschiedenste Kunst und Handwerksformen anschauen. Während der Eingang zum Markt der größte begehbare Schwibbogen der Welt ist, so ist die Marktmitte die Heimat der weltgrößten erzgebirgischen Stufenpyramide, die 1999 ins Guinnes-Buch der Rekorde aufgenommen wurde. Sie merken sicher schon, dass mit dem Striezelmarkt wirklich Aufwand betrieben wird, um Ihnen ein unvergleichliches Erlebnis zu bieten.

Man kann sich keine weihnachtliche Spezialität vorstellen, die Sie hier nicht finden werden und mit einer Bühne ist durch ständige Liveveranstaltungen auch für Ihre Unterhaltung bestens gesorgt. Gerade das belgische Glühbier, das Sie auf dem Markt finden können, ist eine klare Empfehlung für alle, die nicht nur Glühwein trinken wollen!

Und für die Kleinen gibt es auch eine Vielzahl an Beschäftigungen, so hat der Striezelmarkt ein eigenes Puppentheater, ein Märchenhaus und eine Weihnachtsbäckerei. Wenn das noch nicht reicht, so gibt es auch ein Wichtelkino, in welchem Märchen und Trickfilme gezeigt werden.

Zusätzlich zu den normalen Öffnungszeiten ist der Striezelmarkt auch immer wieder länger geöffnet. Gerade am Wochenende gibt es oft Veranstaltungen, wie das Schwibbogenfest oder das Stollenfest, zu denen der Markt länger offen ist. Anlässlich der einzelnen Feste gibt es für die Besucher Sonderprogramme, welche Sie auf der Website: www.striezelmarkt.dresden.de in mehreren Sprachen herunterladen können. Es gibt mit dem Striezeltaler auch eine Marktwährung, die Sie käuflich erwerben können. Auch wenn Sie mit ganz normalem Geld dort bezahlen können, so ist der Striezeltaler ein nettes Souvenir von einem einzigartigen Weihnachtsmarkt. Scheuen Sie sich also nicht und betreten Sie die magische Welt des Dresdner Striezelmarktes und lassen Sie sich auf ein unvergleichliches Erlebnis ein.

Falls Ihnen aber der Striezelmarkt doch etwas zu voll sein sollte, so gibt es in Dresden vielzählige weitere Weihnachtsmärkte, auf denen Sie sich die Beine vertreten können. Vor der Frauenkirche hat der "Advent auf dem Neumarkt" seinen Platz gefunden, der einen Weihnachtsmarkt um 1900 widerspiegelt. Die Münzgasse verströmt auch zur Weihnachtszeit ihren ganz eigenen Charme mit dem "Dresdner Winterzauber", hier treffen die kulinarischen Besonderheiten der Münzgasse mit dem Zauber eines Weihnachtsmarkts zusammen und schaffen ein unvergessliches Erlebnis. Der zuvor schon erwähnte mittelalterliche Weihnachtsmarkt im Stallhof soll Ihnen auch nochmal ans Herz gelegt werden. Auch wenn Sie hier Eintritt zahlen müssen, so finden Sie doch noch einen Weihnachtsmarkt, der fast ohne elektrische Beleuchtung auskommt und mit diverser Livemusik zu überzeugen weiß. Wenn Ihnen der Sinn mehr nach Aprés-Ski-Stimmung und Party steht, so ist am Postplatz der "Dresdner Hüttenzauber" wohl die richtige Wahl für Sie. Mit einer Bar, Discomusik und einer Curlingbahn ist dieser Markt eine Erfahrung für sich.

Etwas entfernter von der Altstadt warten noch andere Weihnachtsmärkte darauf, von Ihnen erkundet zu werden. So beginnt der Augustusmarkt am

Denkmal der „Goldene Reiter" und führt Sie entlang der Hauptstraße weiter in die Neustadt. Besonders wenn Sie gerne eislaufen, lohnt sich der Augustusmarkt, denn er hat seine eigene Eislaufbahn. Auf dem Vorplatz der Scheune in der Alaunstraße finden Sie dann noch den "Neustädter Weihnachtsmarkt", der, ganz dem Viertel entsprechend, mit Kunsthandwerk und speziellen Köstlichkeiten aufwarten kann.

Bei der Dreikönigskirche hat sich ein Markt etabliert, der wahrscheinlich mehr mit dem traditionellen Weihnachtsgedanken zu tun hat als sonst irgendeine vergleichbare Veranstaltung. Die Rede ist vom "Fairen Weihnachtsmarkt", bei dem jeder Händler ausschließlich nachhaltig und unter fairen Bedingungen produzierte Waren anbietet. Für einen kleinen Obolus von 1,50 € können Sie hier Kleidung, Bionaschereien und andere Produkte aus Handarbeit erwerben. Aber der Markt informiert auch allgemein zum Thema Nachhaltigkeit. Beim letzten hier zu nennenden Markt handelt es sich um einen Geheimtipp, der auch noch nicht jeden Dresdner erreicht hat: der Weihnachtsmarkt in Loschwitz. Unweit vom blauen Wunder präsentiert sich dieser Markt inmitten des Dorfkerns, umgeben von Fachwerkhäusern und reinster Idylle. Dresden bietet wirklich für jeden Geschmack einen passenden Weihnachtsmarkt, also packen Sie Ihre Weihnachtsmütze ein und stürzen Sie sich in den Trubel der Weihnachtszeit!

Falls Ihnen aber mehr der Sinn nach ruhigeren Zielen als dem Elbufer, dem Großen Garten oder dem Striezelmarkt steht, dann ist Ihnen auf jeden Fall die Weißeritz zu empfehlen. Dafür müssen Sie in den etwas abseits gelegen Stadtteil Löbtau fahren, aber dieser Zulauf der Elbe hat ein wunderschönes Ufer, an dem Sie deutlich ungestörter sind als an der Elbe. Auch kann man hier am Flussufer entlang aus der Stadt herauslaufen und seine Seele in ruhigen Waldgebieten baumeln lassen.

FREIZEITGESTALTUNG IN DER UMGEBUNG VON DRESDEN

Wenn Ihnen der Sinn nach einer richtigen Wanderung steht und nicht nur nach einem Spaziergang, so haben Sie verschiedene Auswahlmöglichkeiten. Sie kommen mit der S-Bahn beispielsweise sehr gut in die etwas abgelegene Kleinstadt Tharandt. Die Fahrt dauert circa 20 min und bringt Sie mitten in eine kleine malerische Stadt, die im Tharandter Wald gelegen ist. Wenn Ihnen der Tharandter Wald kein Begriff ist, dann sei Ihnen an dieser Stelle gesagt, dass der Wald nicht umsonst den Titel: "schönster Wald Sachsens" trägt. Sie sollten sich dennoch im Voraus über Wanderwege erkundigen, da die Stadt in einer Talsenke liegt und der Aufstieg in den Wald nicht zu unterschätzen ist.

Wenn Sie beim Wandern aber lieber einen großartigen Ausblick über das Elbtal genießen möchten, dann sollten Sie einen Tagesausflug in den Nationalpark Sächsische Schweiz wagen. Nebst bizarren Felsformationen und verschiedenen Attraktionen, wie z.B. die Basteibrücke oder die Felsenburg Neurathen, ist hier wirklich für jeden etwas zu finden. Die Vielzahl an Wanderwegen ist sehr gut ausgeschildert. Da man neben vielen Höhenmetern auch manchmal kleinere Kletterpartien überwinden muss, sollten Sie sich aber auf jeden Fall Ihren Wanderweg zunächst sorgfältig aussuchen.

Auch die Festung Königstein liegt in der Sächsischen Schweiz und dort gibt es verschiedene Führungen, vierzehn Ausstellungen und auch kulturelle Events wie das Festung Königstein Open Air. Hier treten im Laufe des Sommers verschiedenste Live-Acts in der einzigartigen Kulisse der Burg auf. Auch kulinarisch werden Sie begeistert sein, so gibt es z.B. regelmäßig den Kommandanten-Brunch oder die Dinnershow „Großes Gelage der Kurfürsten". Mit ihrem vielfältigen Programm ist die Festung auf jeden Fall einen Besuch wert, aber auch wenn Sie das Programm nicht ansprechen sollte, so ist der Blick von den Mauern der Festung auf die umliegende Landschaft grandios.

Wer gern klettern geht, wird in der Sächsischen Schweiz auch auf seine Kosten kommen, allerlei verschiedene Kletterrouten lassen sich dort finden. Allerdings gibt es einige Besonderheiten für die Kletterrouten dort. Da eine eigene Schwierigkeitseinteilung der Strecken vorgenommen wurde und es auch bestimmte Regelungen zur Sicherungstechnik gibt, sollten Sie sich im Voraus gut darüber informieren, was erlaubt ist und was nicht. Eine Auflistung der einzelnen Klettergebiete finden Sie auf der Website des Nationalparks: www.nationalpark-saechsische-schweiz.de.

Eine weitere Beschäftigung, die Sie im Nationalpark wahrnehmen können, hat mit dem sogenannten "Boofen" zu tun. Hier handelt es sich um 58 gekennzeichnete Übernachtungsplätze im Nationalpark Sächsische Schweiz. Dort ist es erlaubt, im Freien zu übernachten, solange man den Platz sauber hält und keine offenen Feuer betreibt. Das Boofen, man kann es auch als Verb für die Übernachtung in den Boofen nutzen, verspricht Ihnen eine einmalige Erfahrung in der wunderschönen Landschaft der Sächsischen Schweiz. Den genauen Standort der Boofen finden Sie ebenfalls, wie die Klettergebiete, auf der Website des Nationalparks.

Je nachdem welches Ziel man sich in der Sächsischen Schweiz sucht, müssen Sie zwischen 30 min und einer Stunde Fahrtzeit mit dem Zug einplanen. Aber diese kurzweilige Zugfahrt ist es in jedem Falle wert. Auch für Menschen, die nicht mehr gut zu Fuß sind, ist es möglich, den Ausblick über das Elbtal zu genießen. In Bad Schandau gibt es einen Personenaufzug, der Sie auf eine Aussichtsplattform bringt, ohne dass Sie den Aufstieg zu Fuß antreten müssen. Weitere barrierefreie Wandermöglichkeiten und Sehenswürdigkeiten finden Sie auch auf der Webpräsenz des Nationalparks.

Wenn Sie die Elbe für Ihr Ziel überqueren müssen, so ist das in den meisten Ortschaften im Elbtal auch problemlos möglich. Es gibt acht verschiedene Fährverbindungen zwischen den Elbseiten, wovon sieben auch rollstuhlgängig sind. Und auch wenn das Wetter Ihnen nicht unbedingt ideal zum Wandern erscheint, lassen Sie sich nicht abschrecken, gerade nebelverhangene Herbstmorgen oder verschneite Wintertage bieten ihren gänzlich eigenen Charme.

Als weiteres Ziel einer Wanderung kann man die Dresdner Heide empfehlen, es handelt sich hier um das wichtigste Naherholungsgebiet der Stadt. Auch wenn es nicht wirklich eine Heidelandschaft ist, sondern es sich hier eher um einen Stadtwald handelt, lohnt sich ein Besuch dieser Landschaft auf jeden Fall.

Wandern muss ja aber auch nicht immer zu Fuß sein, so beginnt an der deutsch-tschechischen Grenze der Elberadweg. Dieser zieht sich durch das Elbsandsteingebirge über Dresden und Meißen bis hin zur Mündung der Elbe in die Nordsee. Falls Ihnen die kompletten 1100 km Strecke zu viel sein sollten, so können Sie beruhigt mit dem Dresdner Abschnitt anfangen. Dieser ist auf der linken Elbseite um die 30 km und auf der rechten Elbseite ca. 27 km lang. Dadurch, dass die Stadt sich seit 1990 um den ständigen Neuaufbau des Radwegs gekümmert hat, erwartet Sie hier ein unvergleichliches Erlebnis, bei dem Sie viele attraktive Naturräume auf dem Fahrrad erkunden können. Und vielleicht packt Sie ja auf dem Dresdner Abschnitt der Ehrgeiz und Sie wollen doch noch weiterfahren.

Als ein etwas anderes Ziel für einen Tagesausflug bietet sich die Stadt Meißen an. Dort erwartet Sie seit 1710 Europas älteste Porzellan-Manufaktur, die, wie so vieles in der Region, auf August den Starken zurückzuführen ist. Hier wird bis heute in reiner Handarbeit immer noch Porzellan hergestellt und Sie können in der Erlebniswelt der Porzellan-Manufaktur in einer Schauwerkstatt live zusehen, wie die Kunstwerke gefertigt werden. Anschließend können Sie noch in dem zugehörigen Museum verschiedenste Kunstwerke der Porzellan-Manufaktur betrachten und im Café einen Moment der Ruhe genießen.

In Meißen ist auch der erste Schlossbau Deutschlands beheimatet. Die Albrechtsburg entstand im 10. Jahrhundert und existiert bis heute.

Während der Restaurierung im 19. Jahrhundert kamen viele Wandbilder in die Räumlichkeiten der Burg, die bis heute von der Geschichte Meißens und Sachsens zeugen. Das Besondere an dem Schloss ist, dass für Sie jeder Raum zur Besichtigung offen steht und Sie so die vielseitige Geschichte der Burg komplett erkunden können.

In der dortigen Dauerausstellung werden Ihnen fünf verschiedene Themen nähergebracht. Es wird die Geschichte des ansässigen Fürstenhauses Wettin erzählt und der architektonische Hintergrund der Burg erklärt. Natürlich wird auch gezeigt, wie es war, im Schloss zu wohnen und es wird die Zeit beleuchtet, zu der die Porzellanmanufaktur ihren Sitz noch auf der Burg hatte. Und als letztes Thema wird noch über die Gestaltung des Schlosses im 19. Jahrhundert erzählt. Verschiedene Sonderausstellungen finden ebenfalls ihren Platz in der Albrechtsburg. Informationen dazu finden sich auf der Website: www.albrechtsburg-meissen.de. Durch die Ausstellungen können Sie sich natürlich auch führen lassen oder Sie begeben sich selbst auf eine Erkundungstour durch die verschiedenen Jahrhunderte im historischen Wahrzeichen von Meißen.

Wie Sie sehen, bieten die Stadt Dresden und ihr Umland unzählige Möglichkeiten, etwas Interessantes zu entdecken. Ob Sie dabei Wert auf Kultur, Bildung oder Spaß legen spielt keine Rolle, denn in Dresden können Sie wirklich jeder noch so ausgefallenen Stimmung nachgehen.

KULINARISCHE EMPFEHLUNGEN

Wenn Sie in Dresden sind und überlegen, wo Sie Ihren Hunger stillen können, so ist die Auswahl äußerst vielseitig und reicht von der traditionell sächsischen Küche bis hin zu einem australischen Kängurusteak. Dabei bietet Dresden auch für jeden Geldbeutel etwas und hat sogar ein eigenes Street Food Festival, das einmal im Jahr auf dem Altmarkt stattfindet.

Wenn Ihnen der Sinn nach klassischem Essen steht, so sind Sie in der Altstadt sehr gut aufgehoben. Neben der schon erwähnten Münzgasse finden sich hier noch weitere Restaurants. So gibt es am Neumarkt zum Beispiel das Freiberger Schankhaus, in welchem Sie neben den Freiberger Bierspezialitäten auch eine typisch sächsische Küche geboten bekommen. Aber auch am Altmarkt erwartet Sie ein eindrucksvolles Angebot. Das Dresdner Bierhaus im Altmarktkeller überzeugt mit sächsischer und auch böhmischer Küche sowie acht verschiedenen Biersorten vom Fass, aber auch das Ambiente im historischen Kreuzgewölbe ist stimmig. Ansonsten finden Sie entlang des Altmarkts auch noch die griechische, vietnamesische und katalanische Küche in verschiedenen Restaurants. Die Altstadt bietet damit die perfekte Möglichkeit, essen zu gehen, nur sollten Sie vorher daran denken, Plätze zu reservieren.

Für den etwas schmaleren Geldbeutel empfiehlt sich eher ein Blick in die Neustadt als in die Altstadt. Zwar gibt es auch in der Neustadt viele Restaurants, die ähnliche Preise wie in der Altstadt verlangen, aber hier gibt es auch unzählige kleinere Läden, um etwas zu essen. Die Bandbreite ist dabei so vielseitig, dass man gar nicht alles aufzählen kann. Vom Inder über unzählige Burger-Restaurants bis zur syrischen Küche und dem Irish Pub mit Restaurant finden Sie hier alles. Neben den typisch asiatischen Restaurants gibt es hier z.B. auch solche Restaurants, die sich komplett auf Ramen (japanische Nudelsuppe) spezialisiert haben.

Wenn Sie also Lust auf etwas Neues haben und dabei nicht allzu viel Geld ausgeben möchten, dann ist die Neustadt definitiv die richtige Adresse für Sie. Aber neben jenen in der Neu- oder Altstadt gibt es noch andere Restaurants, die eine Empfehlung wert sind.

Als Beispiel sei hier das Feldschlösschen-Stammhaus auf der Budapester Straße 32 angeführt. Nebst deutscher Küche bekommen Sie Bier aus einer der bekanntesten Dresdner Brauereien. Eine außerhalb Dresdens eher unbekannte Brauerei ist die Brauerei Watzke. In den Genuss dieses Biers kommen Sie an der Kötzschenbroder Str. 1 im Ball- und Brauhaus Watzke. Nebst dem unfiltrierten Biergenuss werden Sie hier auch mit Grillhaxe verwöhnt und das Beste daran ist, Sie können zugleich eine Brauereiführung machen. Direkt am Hauptbahnhof gelegen ist eine wirkliche Rarität zu finden. Die Rede ist vom Achterbahn-Restaurant Schwerelos. Das Essen wird Ihnen hier nicht von Kellnern serviert, sondern über eine Achterbahn gebracht. Erlebnisgastronomie vom Feinsten erwartet Sie hier.

Als letzte Besonderheit der Dresdner Gastronomieszene ist Ihnen die Trödelschänke in der

Gewandhausstraße 9 zu empfehlen. Die Einrichtung, die aus dem Anfang des 19. Jahrhunderts stammt, entführt Sie in eine Zeit, in der noch alles zu Hause gemacht wurde. Und genauso ist es in der Trödelschänke, nebst Hausmannskost bekommen Sie hier noch hausgebackenes Brot und hausgemachten Kuchen. Vor allem ist die Trödelschänke für Ihre Eierschecke, eine sächsische Kuchenspezialität aus Hefeteig, auch überregional bekannt und lockt damit Gäste aus nah und fern.

Dresden bei Nacht

Neben den vielseitigen Angeboten, die Ihnen die Stadt am Tag bietet, haben Sie auch unzählige Möglichkeiten, die Nacht wieder zum Tag werden zu lassen. Ob Sie eine Tour durch die Kneipen und Bars der Neustadt machen, eine der vielen Konzertlocations der Stadt besuchen, einen gemütlichen Abend in den gehobeneren Kneipen der Altstadt verbringen oder die studentische Szene erleben möchten, Ihren Möglichkeiten sind hier keinerlei Grenzen gesetzt, also machen Sie die Nacht zum Tag in Dresdens vielseitigem Nachtleben.

DIE NEUSTADT

Wenn Sie sich für eine Kneipentour durch die Neustadt entschieden haben, so beginnen Sie diese am besten in der „Zapfanstalt" in der Sebnitzer Straße 15. Hier haben sie eine Auswahl von über 20 Bieren vom Fass und mit dem Angebot an Flaschenbier können Sie aus über 100 Biersorten wählen. Sie finden auf jeden Fall etwas, um in einen vergnüglichen Abend zu starten. Falls Ihnen der Sinn aber eher nach Cocktails stehen sollte, so gehen Sie zur Alaunstraße 83, in das „Onlyone". Hier können Sie nicht nur Ihren Gaumen, sondern auch Ihre Augen verwöhnen lassen, denn es handelt sich dabei um die erste molekulare Cocktailbar Dresdens. Neben altbekannten Cocktails im neuen Gewand erwarten Sie hier auch neue Kreationen, die Sie verzaubern werden.

Wenn Ihnen der Sinn mehr nach irischen Getränken und Ambiente steht, dann sind Sie in der Neustadt auch genau richtig. Ob Sie nun im Irish Fiddler an der Alaunstraße 62 das Sport-Bar-Feeling genießen oder im urigen TíR Na NÓG am Bischofsweg 34 Livemusik hören wollen, beide Pubs überzeugen mit irischem Flair, Guinness und Cider. Direkt gegenüber vom Irish Fiddler finden Sie auch das Carpe Noctem, eine empfehlenswerte Shisha Bar in der Neustadt.

Wenn Sie eine günstige Kneipe suchen, ist Ihnen das „HD Die Rock&Metalbar" in der Louisenstraße 28 sehr zu empfehlen, solange Sie mit der Musik und einer Raucherkneipe kein Problem haben. Preislich befindet sich das „Hebedas" in der Rothenburger Str. 30 auch in der günstigeren Kategorie. Hier haben Sie neben Billard und Tischkicker auch die Möglichkeit, in einen kleinen Tanzbereich zu gehen. Das „Trotzdem" in der Alaunstraße 81 überzeugt ebenfalls mit günstigen Preisen und einem untypischen Bier- und Shot-Angebot. Auch dem „Rosis" und dem „Grünen Salon" sollten Sie einen Besuch abstatten. Beides liegt in einem Gebäude an der Eschenstraße 11 und bietet Ihnen neben vielen Billardtischen im „Grünen Salon" auch eine große Auswahl verschiedener Partys im „Rosis", bei denen man immer auf eine große Menge Leute trifft.

Aber wenn Sie beschließen, einen Abend in der Neustadt zu verbringen, so muss das letzte Ziel Ihres Abends beziehungsweise eher Ihres Morgens die „Lebowski-Bar" sein. Es ist eine kleine Bar, in der ständig der Film „The Big Lebowski" läuft und die sich inzwischen dazu etabliert hat, bis in die frühen Morgenstunden geöffnet zu haben und dabei wird ein White Russian nach dem anderen serviert.

Wenn Sie aber weniger das Kneipen-Gefühl suchen, sondern Dance-Clubs Sie eher anziehen, dann hat die Neustadt auch genau das Richtige für Sie. Die „GrooveStation" in der Katharinenstraße 11-13 bietet von Hip-Hop über Indie-Rock bis zu Techno oder House Partys für jeden etwas. Und wenn Ihnen das Getümmel zu voll wird, können Sie abseits vom Dancefloor auch Billard oder Tischkicker spielen. An derselben Adresse finden Sie auch das „Downtown". Auf drei Floors in zwei Clubs erwartet Sie hier von den 80ern & 90ern über Electro-Tunes auch Black-, House- und Dance Music. Sie müssen aber nur einmal für das gesamte Angebot Eintritt zahlen.

Sie merken sicher schon, dass ein Abend in der Neustadt mit seiner Vielfalt gerade junges Publikum anspricht, aber auch außerhalb der Neustadt gibt es verschiedene Möglichkeiten. So können Sie z.B. im Industriegebiet kurz hinter der Neustadt neben mehreren Konzerthallen auch den „Sektor Evolution" finden. Es handelt sich hier um den größten

Szeneclub der Stadt, der neben jeglicher Art von Musik den Menschen auch bildende Kunst und Theater näherbringt. Sie fragen sich, wie das geht? Der Sektor versteht sich als „Open Platform for culture Network" und wird somit ständig von verschiedenen Menschen neu gestaltet und zu verschiedenen Partys genutzt. Er zieht unzählige Dresdner an und hat dabei noch humane Preise für die Getränke. Auch wenn der Sektor mit seiner Location, in der Straße An der Eisenbahn 2, etwas außerhalb liegt, so sollten Sie doch einen Blick in diesen ganz besonderen Club werfen.

DIE ALTSTADT

Wenn Ihnen der Sinn aber nach gehobeneren Bars steht, so sind Sie in der Altstadt an der richtigen Adresse. Hier finden Sie z. B. das „Gin House Dresden", welches direkt an der Frauenkirche liegt. Neben unzähligen Sorten Gin bekommen Sie hier auch Zigarren, die Sie in der Bar rauchen dürfen. Und auch was andere Getränke betrifft, wissen die dortigen Barkeeper Ihnen bestens zu helfen. Und wenn Sie einen Besuch in größeren Gruppen planen, können Sie dort auch ein Gin Tasting erleben.

Eine weitere Bar, die ihresgleichen sucht, ist die Karl May Bar im Hotel Taschenbergpalais. Neben ausgewählter Livemusik erwarten Sie hier edelste Cocktails und eine Auswahl an über 100 Whiskeysorten. Das Ambiente, aus bordeauxrotem Leder und feiner Eiche, erinnert dabei an den New Yorker Oak Room. Aber abgesehen von dem einzigartigen Ambiente hat die Karl May Bar die Auszeichnungen Bar des Jahres 2013 und den Glenfiddich Award für Barkultur erhalten. Hier können Sie also die wahrscheinlich exklusivste Bar und die besten Barkeeper Dresdens live erleben.

Auch das irische Blut ist in der Dresdner Altstadt zu finden, nämlich an der Wilsdruffer Straße 20, im Shamrock. Neben uriger Einrichtung und irischen Speisen bekommen Sie hier vor allem eines: Das Gefühl mitten in Irland gelandet zu sein. Neben Guinness und Cider vom Fass gibt es hier auch ständige Livemusik und Whisky Verkostungen. Und jedes Jahr zum St. Patrick's Day, also zum 17. März, gibt es auf dem Postplatz das „St. Patrick's Day Festival", für welches das Shamrock verantwortlich ist. Hier erwarten Sie bei kostenlosem Eintritt irische Bands, frisch gezapftes Guinness und frisch zubereitete Burger.

DIE STUDENTISCHE SZENE

Nebst den gerade genannten Möglichkeiten gibt es aber auch noch eine letzte Besonderheit, die Dresden vorzuweisen hat. Mit der Technischen Universität gibt es natürlich auch eine studentische Szene in der Stadt, die aber im Unterschied zu allen anderen deutschen Städten die größte Ansammlung an Studentenclubs hervorgebracht hat.

Zwölf Clubs sind es in Dresden, die alle ehrenamtlich geführt werden und dadurch ein Geheimtipp sind, wenn Sie Geld sparen möchten. Auch an Vielfalt innerhalb der Clubs mangelt es nicht, so überrascht der „Traumtänzer" in der Budapester Straße 24 mit mittelalterlichem Tavernenflair und dem größten Met-Angebot Dresdens, während das „Aquarium" in der St. Petersburger Straße 21 für Sie über 150 Cocktails zubereitet. Wenn Sie Konzerte verschiedenster Art erleben möchten, dann sind Sie im Studentenclub Wu5 in der August-Bebel-Straße 12 am richtigen Ort.

Die Clubs liegen alle im näheren Umfeld der TU Dresden und sind auf jeden Fall einen Besuch wert. Sie werden hier zwar von nicht perfekt professionellem Personal bedient, aber Sie werden jedem einzelnen Club das Herzblut anmerken, das die Mitglieder in ihre Bars gesteckt haben. Und natürlich muss man kein Student sein, um dort seinen Spaß zu haben.

Eine Auflistung aller Clubs mit Website und Adresse finden Sie auf der Website des Dachverbands „Vereinigung Dresdner Studentenclubs": www.vdsc.de.

Als jährliches Großereignis in der studentischen Szene sind Ihnen die Studententage ans Herz zu legen. Diese finden immer im Mai statt und werden dabei vom Studentenwerk und den Studentenclubs organisiert.

Innerhalb dieser Studententage finden das Uni-Air, die Nachtwanderung durch die Studentenclubs und auch das oben erwähnte MittelAlterFest statt.

Also sollten Sie im Mai in Dresden sein und Interesse an einem vielseitigen Angebot der Abendgestaltung haben, so besuchen Sie die Website des Studentenwerks Dresden: www.studentenwerk-dresden.de und informieren Sie sich, welche

Möglichkeiten Sie haben, denn auch wenn Sie nicht mehr studieren, so wird Sie die studentische Szene in Dresden mit offenen Armen empfangen.

Dresden – Das Reiseziel für jeden

Wenn Sie jetzt schon Lust auf eine Reise nach Dresden haben, dann stellen Sie sich vor, wie es erst sein wird, vor der Frauenkirche zu stehen und das erhabene Gebäude endlich in Wirklichkeit und nicht nur auf Bildern zu sehen. Die Gemäldegalerien der alten und der neuen Meister sind auch ein Anblick, den Sie einmal in Ihrem Leben genossen haben sollten und der Ihnen die Sprache verschlagen wird.

Erst wenn Sie den Ausblick über die Elbe von der Brühlschen Terrasse aus gesehen haben, werden Sie wirklich verstehen, warum man hier vom Balkon Europas spricht. Und wenn Sie den Ausblick über das Elbtal in der Sächsischen Schweiz erst in der Realität sehen, dann wissen Sie, warum der Aufstieg sich wirklich gelohnt hat. Dresden und sein Umland bieten tatsächlich für jeden etwas und dabei auch deutlich mehr als nur ein großartiges Stadtpanorama.

Ob Sie Ihren kulturellen Horizont erweitern wollen, die Möglichkeiten Ihre Freizeit zu gestalten nutzen wollen oder aber die Nacht zum Tag machen wollen, es sind Ihnen keine Grenzen gesetzt. Und vor allem hat die Stadt noch deutlich mehr zu bieten, als hier aufgelistet wurde. Freuen Sie sich also auf einen unvergleichlichen Ausflug in eine einzigartige Stadt.

Egal, ob Sie allein, mit Freunden oder mit der Familie reisen, Dresden ist ein Ziel für jede Reisegruppe, vom Zoo über Museen bis hin zu Stadtfesten. Wer hier nichts findet, muss es schon wirklich darauf anlegen. Zögern Sie also nicht und besuchen Sie das Elbflorenz, denn auch wenn die Stadt ihre Eigenarten hat, so ist sie doch eine der vielseitigsten Städte Deutschlands und immer eine Reise wert.

Herstellung und Verlag:

BoD – Books on Demand, Norderstedt

ISBN: 9783751958622